El Sistema Solar

Exploramos la Tierra y Sus Alrededores

ISBN: 0-618-22920-5

23456789-B-11 10 09 08 07 06 05 04 03

El Sistema Solar

Exploramos la Tierra y Sus Alrededores

Texto: Miquel Pérez   Ilustraciones: María Rius

HOUGHTON MIFFLIN   BOSTON

Cuando nos alejamos de las grandes ciudades y miramos el cielo de noche, vemos montones y montones de puntitos luminosos. La mayoría son estrellas.

Nuestra estrella es el Sol, que es tan sólo una entre los millones de estrellas que forman el universo. El Sol es como una gran lámpara encendida que al brillar proporciona luz y calor.

Los seres humanos han observado el cielo de noche durante miles de años. Con mucha paciencia, han descubierto que algunos de los puntitos luminosos seguían caminos diferentes a los de los demás. A esos puntitos especiales los llamaron planetas.

Nosotros vivimos en un planeta que llamamos Tierra y tenemos un pequeño satélite que llamamos Luna. La Luna gira alrededor de la Tierra.

La Tierra y la Luna, junto con los otros planetas y sus lunas, giran alrededor del Sol. A todo este conjunto le llamamos el sistema solar.

"¡Atención! ¿Desean explorar el sistema solar? ¡Es fácil! Basta con usar la imaginación."

Unos pocos minutos después, nuestros amigos se encuentran en órbita alrededor de la Tierra...

—¡Qué divertido, estamos flotando! La fuerza de gravitación de la Tierra ya no nos atrae.

—¡Fíjate! La mitad de la Tierra está iluminada, allí
es de día, y en la parte oscura es de noche.

Pasadas unas horas, a miles de kilómetros de casa, la nave espacial llega a la Luna.

Después de visitar nuestro pequeño satélite, el viaje continúa pero...

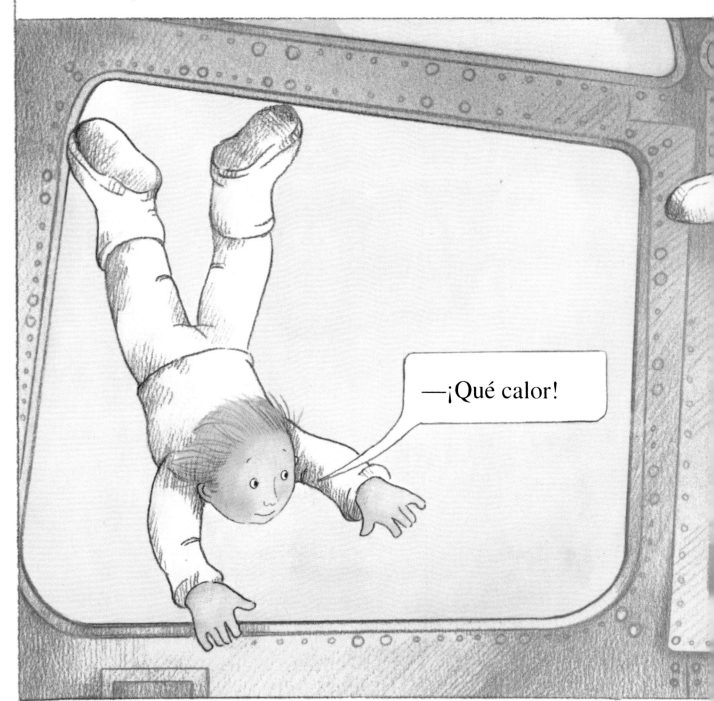

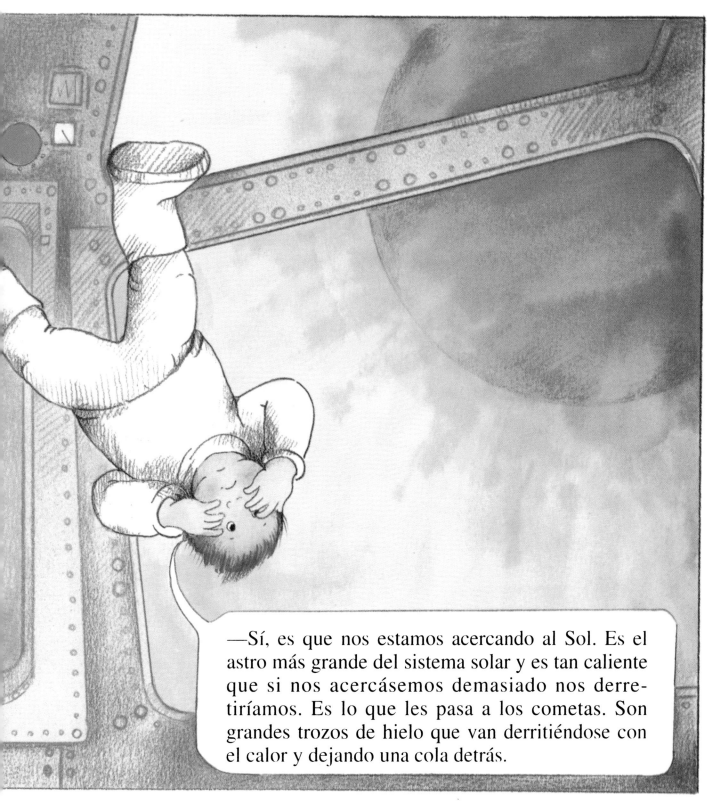

—Sí, es que nos estamos acercando al Sol. Es el astro más grande del sistema solar y es tan caliente que si nos acercásemos demasiado nos derretiríamos. Es lo que les pasa a los cometas. Son grandes trozos de hielo que van derritiéndose con el calor y dejando una cola detrás.

Debido al calor, nuestros amigos han tenido que cambiar el rumbo. Ahora se dirigen hacia los planetas más cercanos al Sol. Esos planetas son pequeños, rocosos y calientes.

—¡Mira, yo ya veo el primero!

—Se llama Mercurio y se parece mucho a la Luna.

—Aquel otro es Venus. Siempre está cubierto de nubes.

Entre Marte y el planeta siguiente, Júpiter, encontramos una franja formada por millones de rocas enormes flotando: hemos llegado al cinturón de asteroides.

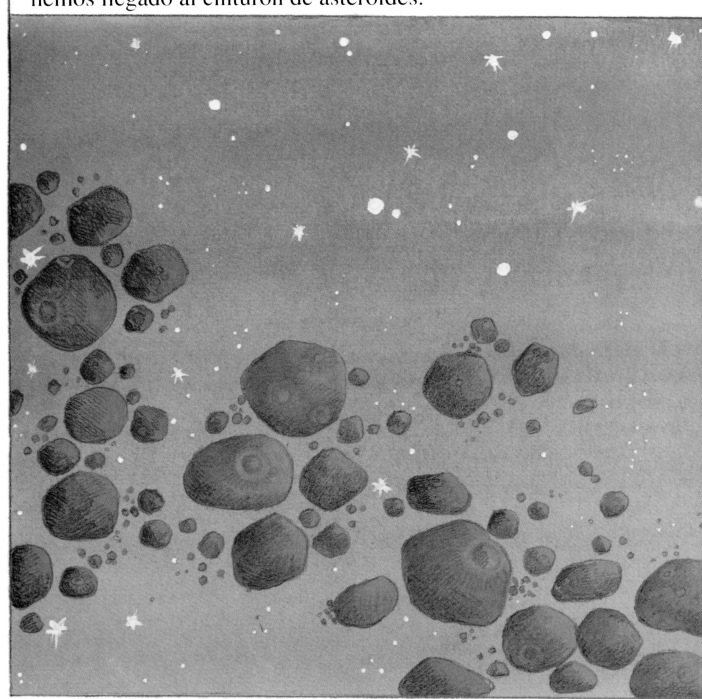

Después de tantas rocas, encontramos los planetas más lejanos al Sol. Están muy lejos y son muy fríos.

—¡Mira, qué grande es este planeta! ¡Y cuántas lunas tiene!

—Es Júpiter, y le llaman el planeta gigante. Aquel más allá, además de lunas tiene un anillo que gira a su alrededor. Debe ser Saturno.

—Todavía hay tres planetas más, Urano, Neptuno y Plutón. Este último es tan pequeño y está tan lejos que sólo lo descubrieron hace poco.

Este fue un viaje imaginario, pero si tú vas a un planetario, podrás ver y aprender cosas maravillosas sobre el sistema solar.

Un planetario te mostrará lo que conocemos de todo el universo, desde la Tierra hasta las galaxias más lejanas.

Actividad Práctica y Guía Pedagógica

Esta actividad fue planeada para poner en práctica lo que has aprendido del libro y para disfrutar de una excursión nocturna junto con tus padres o maestros.

En primer lugar, tenemos que elegir una noche clara y alejarnos de la ciudad para que no nos moleste su resplandor. El material necesario es sencillo: ropa de abrigo, una manta vieja y si es posible, unos prismáticos.

Cuando estemos bien situados, podemos poner la manta sobre el suelo, acostarnos en ella y estudiar el espectáculo del cielo nocturno. Al principio nos costará ver muchas estrellas, pero si dejamos pasar unos diez minutos, nuestras pupilas se dilatarán y se acostumbrarán a la oscuridad. Entonces irán apareciendo cada vez más estrellas ante nuestros ojos.

Tener alguna noción básica de astronomía nos ayudará a entender mejor lo que estamos viendo. Tenemos que saber que los puntitos de luz que vemos a simple vista son estrellas y algunos planetas. Los planetas, como la Tierra, no tienen luz propia y los vemos porque su superficie refleja los rayos solares, cosa que también hace la Luna. Por el contrario, las estrellas sí que tienen luz propia, porque son enormes bolas de fuego idénticas al Sol. Vemos a todos como puntitos luminosos porque tanto las estrellas como los planetas están muy lejos de la Tierra.

Distinguir los planetas entre tantas estrellas no es fácil. Si observáramos el cielo durante varios días sucesivos, veríamos que algunos de los puntos luminosos cambian de posición con respecto a los demás. Son los planetas, cuyo nombre viene de la palabra griega *errante*. Pero nuestro paseo está planeado para una sola noche, así que usaremos otra fórmula para encontrarlos.

En general, cualquier época del año es buena para salir de noche a mirar, aunque hay épocas en las que no se ve prácticamente ningún planeta. Si tenemos suerte, podremos distinguir alguno no muy lejos del horizonte. Tenemos que buscar los puntos de luz más brillante y entre ellos, los que no titilen. Los más fáciles de encon-

trar a simple vista son Júpiter, Marte y Venus.

El primero es de color amarillento y debiera ser el punto más grande y brillante de todos. Al igual que Saturno, Urano y Neptuno, Júpiter es un gigante gaseoso, con muchos satélites y con un anillo formado por gran cantidad de rocas heladas que lo rodea. Gira sobre sí mismo a tanta velocidad que su día sólo tiene unas diez horas. Con la ayuda de los prismáticos, podremos ver cuatro de las lunas que tiene (ve la Figura 1), las mismas que Galileo descubrió en el año 1609, aunque a veces alguna de ellas queda oculta detrás del planeta.

1

El planeta Marte es de color rojizo, el color de la sangre y del fuego, haciendo así honor al dios de la guerra. Durante muchos años se creyó que Marte estaba habitado por seres extraños que llamamos marcianos, pero las sondas Mariner, Viking y Pathfinder (ve la Figura 2), han dejado claro que no hay ningún tipo de vida en el planeta, a pesar de haber descubierto agua helada y dióxido de carbono en sus casquetes polares.

Venus es el primero que resulta visible y no tarda muchos minutos en desaparecer. Sale por el oeste, justo después de ponerse el Sol y por el este, justo antes del alba. Haciendo honor a su nombre, el de la diosa romana de la belleza, es todo un espectáculo. A veces brilla más que cualquier otro cuerpo celeste y en ocasiones se le puede ver con ayuda de prismáticos en cuarto creciente, recordándonos el cuarto creciente de la Luna. Esto sucede porque, al igual que Mercurio, está situado en una órbita interior a la de la Tierra, o sea que se encuentra entre nuestro planeta y el Sol.

2

La Tierra es el único de los planetas interiores que tiene un satélite propio, la Luna, que es el primer y único objeto extraterrestre que los hombres han pisado. Una teoría dice que la Luna fue creada por la agrupación de material terrestre lanzado al espacio por el impacto de un gran meteorito, pero no se sabe con seguridad. Resulta muy interesante observar la Luna con prismáticos. Cuando está llena podemos distinguir los llamados mares, que son las zonas lisas y oscuras de los cráteres

3

(ve la Figura 3). Cuando está en fase creciente o menguante se distingue una zona que separa el día de la noche llamada *terminador*; allí se puede observar el relieve que forman los cráteres. Cuando faltan pocos días para que sea luna nueva, vemos que la zona nocturna no está completamente a oscuras sino que se observa ensombrecido el círculo lunar completo. Esta tenue claridad se conoce como *luz de ceniza* y es la luz del Sol que refleja la Tierra.

Es probable que durante alguna salida nocturna tengamos la oportunidad de ver una estrella fugaz cayendo a gran velocidad. Nos daremos cuenta entonces que allá arriba no todo está tan quieto como parece. En los viejos tiempos se pensaba que las estrellas fugaces son estrellas que caen, pero en realidad son trozos de materia interplanetaria que generalmente proceden de los restos de algún cometa. Al pasar cerca de nuestro planeta entran en contacto con la atmósfera y por el roce con el aire se tornan incandescentes y luminosos. Si son pequeños, se derriten y evaporan, pero si son más grandes pueden llegar a caer sobre la Tierra, en cuyo caso se llaman *meteoritos*. El ejemplo más famoso está en Arizona, Estados Unidos, donde hay un cráter de más de un kilómetro de diámetro provocado por la caída de un meteorito por lo menos unos veinte mil años atrás.

Es emocionante hacer una salida nocturna durante las semanas en que la órbita de la Tierra pasa por una zona donde se acumula mucha materia interplanetaria. Dicha época suele ser alrededor del 12 de agosto o del 14 de diciembre y los medios de comunicación generalmente informan de las fechas con mayor precisión. Gran cantidad de estrellas fugaces puede verse entonces, un fenómeno que se conoce como *lluvia de estrellas* (ve la Figura 4).